# Ricettario per barbecue e grigliate

## La guida definitiva alla griglia per principianti e avanzati

Evelina Murgia

# Tutti i diritti riservati.

# Disclaimer

Le informazioni contenute in i intendono servire come una raccolta completa di strategie sulle quali l'autore di questo eBook ha svolto delle ricerche. Riassunti, strategie, suggerimenti e trucchi sono solo raccomandazioni dell'autore e la lettura di questo eBook non garantisce che i propri risultati rispecchieranno esattamente i risultati dell'autore. L'autore dell'eBook ha compiuto ogni ragionevole sforzo per fornire informazioni aggiornate e accurate ai lettori dell'eBook. L'autore e i suoi associati non saranno ritenuti responsabili per eventuali errori o omissioni involontarie che possono essere trovati. Il materiale nell'eBook può includere informazioni di terzi. I materiali di terze parti comprendono le opinioni espresse dai rispettivi proprietari. In quanto tale, l'autore dell'eBook non si assume alcuna responsabilità per materiale o opinioni di terzi. A causa del progresso di Internet o dei cambiamenti imprevisti nella politica aziendale e nelle linee guida per l'invio editoriale, ciò che è dichiarato come fatto al momento della stesura di questo documento potrebbe diventare obsoleto o inapplicabile in seguito.

# Sommario

CONCLUSIONE

# INTRODUZIONE

se ti diverti una buona grigliata di tanto in tanto, ti perdi se non sei con Traeger Dopotutto, i Traeger sono griglie a legna. Alla fine della giornata, il legno e il propano vincono sempre. Il gusto di cuocere la tua carne su un fuoco di legna o carbone ti dà è superiore a qualsiasi altra cosa. La cottura della carne su legno conferisce un sapore eccellente.

Con qualsiasi altra griglia a pellet, dovrai monitorare costantemente il fuoco per evitare fiammate, rendendo il baby sitter un rompicoglioni.Tuttavia, Traeger ha una tecnologia integrata per garantire che i pellet vengano alimentati regolarmente. Per vedere quanto è calda la griglia misura e aggiunge o rimuove legna / pellet per controllare la temperatura Naturalmente, una griglia Traeger ha una manopola di controllo della temperatura semplice da usare

Puoi scegliere tra griglie economiche e costose grigliate di Traeger. Scegli uno tra 19.500 BTU o 36.000 BTU. Anche tutto è possibile. Le prestazioni del grill variano con l'intensità della griglia.

Non sono solo griglie. Sono anche mixer. Tutta la zona cottura è oscurata da cappe che si possono tirare verso il basso. Il calore viene forzato nella zona di cottura È probabile che l'aria calda e il fumo vengano distribuiti uniformemente mentre il cibo cuoce nella pentola per questo motivo.

Inoltre, le griglie Traeger sono anche un forno a convezione. In generale, i Traeger sono abbastanza indulgenti. Solo per illustrare ... puoi usare un Traeger per cucinare una bistecca, oltre che una pizza. Ancora di più.

Utilizza anche meno energia. La configurazione iniziale richiede 300 watt. ma solo l'inizio del processo. Dopodiché, la lampadina utilizza solo 50 watt di potenza.

## Cos'è il barbecue? Fumare o grigliare?

Sì e no. Sebbene l'uso più comune del termine "barbecue" descriva la griglia del cortile, alcune persone hanno una definizione diversa del termine. Il barbecue può essere diviso in due categorie: caldo e veloce e basso e lento.

Grigliare generalmente utilizza un calore diretto che varia tra 300-500 gradi. Fa un ottimo lavoro su bistecche, pollo, costolette e pesce. Mentre il cibo cuocerà, devi guardarlo attentamente per evitare che si bruci. Acquisirà un sapore meno affumicato. Principalmente, questo è un modo semplice e divertente per cucinare; hai tutto il tempo per uscire con i tuoi amici e la tua famiglia durante la grigliata.

È basso e lento. Il calore e le temperature indirette in un fumatore sono tipicamente compresi tra 200-275. Se sei mai stato a Kansas City, Memphis o in Texas, sai di cosa sto parlando. Un pezzo di carne affumicato lentamente e poco affumicato può impiegare da 2 a 15 ore per sviluppare appieno il suo sapore naturale. Quando guardi dentro una carne affumicata lentamente, "anello di fumo" rosa significa che la carne è stata nell'affumicatore per molto tempo

## Come usare il legno nei fumatori di barbecue

L'essenza del buon affumicare il barbecue è il legno. È ciò che dà al piatto il suo sapore. Un tempo il legno era l'unico combustibile disponibile, ma controllare la temperatura e la quantità di fumo che raggiunge la carne è difficile. La maggior parte delle persone oggigiorno usa carbone di legna, gas, pellet o fumatori elettrici. Il legno viene aggiunto in pezzi, pellet o segatura, e fuma e produce una buona quantità di fumo.

L'errore più comune per i principianti è l'affumicatura eccessiva della carne. I principianti dovrebbero iniziare con una piccola quantità di legno e risalire. È un'idea sbagliata comune che dovresti immergere il legno prima di installarlo, ma non fa molta differenza. Il legno non assorbe bene l'acqua ed evapora rapidamente. Quando metti la legna inzuppata sui carboni di carbone, si raffredda e vuoi mantenere la temperatura costante quando affumichi la carne.

A seconda del tipo di legno che usi, il sapore che ottieni varia. Il miglior tipo di legno è il legno secco, non verde. È importante evitare legni contenenti linfa come pini, cedri, abeti, ciprioti, abeti rossi o sequoie quando si sceglie il legno. La linfa conferisce un sapore sgradevole alla carne. Inoltre, gli scarti di legname non dovrebbero mai essere utilizzati perché di solito sono trattati con prodotti chimici. Non è una buona idea fumare un barbecue. Hickory, mela, ontano e mesquite sono alcuni dei legni più popolari. Hickory e mesquite conferiscono alla carne un sapore potente, quindi è meglio per carni molto speziate come le costolette. Il legno di mela e ontano produce un fumo più dolce e leggero, ideale per carni non eccessivamente speziate, come pesce e pollo.

Puoi lanciare le patatine direttamente con il carbone in un affumicatore barbecue a carbone. I pezzi di legno funzionano meglio sui barbecue a gas. Se hai problemi a far bruciare i pezzi di legno, prova ad avvolgerli nella carta stagnola e a tagliare delle fessure nella parte superiore. Metti i pezzi di legno in un sacchetto di alluminio sopra i carboni ardenti. In pochi minuti, il legno dovrebbe iniziare a bruciare. È fondamentale incorporare la legna nel processo di affumicatura del barbecue il prima possibile. Il fumo viene assorbito più facilmente dalla carne fredda.

Dovresti sempre pesare la quantità di legno che hai messo. Ciò ti consente di regolare la quantità ogni volta per ottenere l'effetto desiderato. A seconda dello spessore della carne, la quantità varierà. Per le costolette, 8 once per petto e maiale stirato e 2 once per pollo, tacchino e pesce, usa circa 4 once di legno.

Se la legna inizia a bruciare o c'è un lungo fumo di barbecue, potrebbe essere necessario essere creativi. Per isolare ulteriormente il legno, mettilo in una padella di ferro sopra le braci. Per fumare più a lungo al barbecue, puoi anche creare una cosiddetta bomba fumogena. Riempi una teglia con abbastanza acqua per coprire i trucioli di legno e l'altra con abbastanza acqua per coprire i trucioli di legno. Quello che non è bagnato inizierà subito a bruciare. Quando l'acqua del secondo evapora, si accenderà e brucerà. Non dovrai continuare ad aprire la porta per aggiungere altra legna in questo modo.

# CAPITOLO PRIMO

## Ricette Di Manzo

## 1. Grigliata mista con marinata alla birra

## ingredienti

*Carne da grigliare:*

400 g di polmone arrosto di manzo

200 g di lonza di maiale

200 g di petto di tacchino

5 fette di pancetta

2 paia di wurstel

4 pz. Teste di funghi

4 pomodori (piccoli)

*Per la marinata alla griglia:*

Melissa

Salato

basilico

origano

rosmarino

timo

cerfoglio

Spicchi d'aglio

1/2 cucchiaio di aceto di vino

sale

Pepe

4 cucchiai di olio

1/8 l di birra

## Preparazione

Mettere le erbe aromatiche, la melissa, il santoreggia, il basilico, l'origano, il rosmarino, il timo, il cerfoglio e l' aglio in circa 1/8 di acqua, aggiungere l'aceto di vino, sale e pepe e cuocere il composto in modo che rimanga poco liquido. Dopo aver filtrato e raffreddato, si mescolano olio e birra. Girare i pezzi di carne, funghi e pomodori nella marinata e grigliare sulla griglia preriscaldata.

# 2. Involtini di bistecca alla griglia

## ingredienti

800 g di filetto di manzo

4 tuorli d'uovo

4 cucchiai di cipolla (tritata finemente)

1 cucchiaio di capperi (tritati finemente)

100 g di sottaceti (tritati finemente)

1 cucchiaio di ketchup

1 cucchiaino di senape al dragoncello

1 cucchiaino di paprika in polvere (dolce nobile)

19

1 pizzico di pasta di acciughe

3 cucchiai di olio d'oliva

sale

Pepe (nero)

un po 'di Tabasco

un po 'di brandy

un po 'di prezzemolo (tritato)

**Preparazione**

Per gli involtini di bistecca alla griglia, preparare prima la tartare di manzo. Tritate finemente tutti gli ingredienti e mescolate bene senza impastare troppo a lungo.

Stendere un po 'le fette di tramezzini con il mattarello e appiattirle, spennellare con la tartare di manzo finita e arrotolare velocemente. Coprire i rotoli finiti con pellicola trasparente fino a quando non sono grigliati e proteggerli dall'essiccamento.

Prepara la griglia per grigliare direttamente a fuoco medio.

Ora grigliare gli involtini a fuoco medio-basso mentre si rotolano continuamente per 1 / 2–1 minuto e poi servire gli involtini di bistecca tagliati a fette, metà caldi.

# 3. Bistecche con salsa al peperoncino

## ingredienti

*Per la salsa al peperoncino:*

2 pomodori

1 peperoncino (piccolo)

1 cipolla (rossa)

1 spicchio d'aglio

3 cucchiai di coriandolo (fresco)

2 cucchiai di succo di limone

sale

Pepe (nero, macinato grossolanamente)

*Per le bistecche:*

4 bistecche di fesa (200 g l'una)

1 cucchiaino di semi di coriandolo (schiacciati)

3 cucchiai di olio di sesamo

sale

Pepe (dal mulino)

**Preparazione**

Per la salsa al peperoncino, togliere prima i semi dai pomodori, togliere la buccia (sbollentarla prima se necessario) e tagliare a dadini grossolanamente.

Tritate finemente il peperoncino. Pelare e tagliare a dadini la cipolla. Pelate l'aglio e tritatelo finemente. Cogli il coriandolo. Frulla insieme tutti gli ingredienti per la salsa.

Spennellare le bistecche con olio e strofinare le spezie su entrambi i lati. Grigliare per 3-5 minuti su ogni lato, a seconda del livello di cottura desiderato.

Disporre le bistecche con la salsa chili e servire.

# 4. Flap Meat

## ingredienti

1 kg di bistecca con lembo

2 cucchiai di olio di girasole

Mare 2 cucchiai di sale

2 cucchiai di pepe

## Preparazione

Per il Flap Meat, togliere il Flap Meat dal frigorifero un'ora prima di grigliarlo e lasciare che raggiunga la temperatura ambiente.

Tagliare la carne a bistecche di spessore compreso tra 1 1/2 e 2 cm.

Spennellate con l'olio di semi di girasole.

Grigliare su entrambi i lati a fuoco medio (220-250 ° C) per circa 2 minuti (funziona anche in padella sui fornelli).

Lasciar riposare nel calore indiretto fino a una temperatura interna di 55-56 ° C (media). Se è stata grigliata in padella, terminare la cottura della carne in forno a ca. 130 ° C.

Condire la carne con lembo con sale marino e pepe quando si serve.

# 5. Bistecca di fianco alla griglia

## ingredienti

800 g di bistecca di fianco

2 cucchiai di olio di girasole

sale

Pepe (dal mulino)

## Preparazione

Preriscaldare il grill a gas a 300 ° C e spennellare leggermente il fianco di bistecca con l'olio di semi di girasole.

Griglia la bistecca su ogni lato per 90 secondi. Se vuoi un motivo alla griglia, devi girare la bistecca di fianco di 90 gradi dopo 50 secondi.

Girare e grigliare di nuovo per 90 secondi.

Portare alla temperatura interna desiderata a una temperatura di circa 140 ° C. 56 ° C per media, 60 ° C per cotto (completamente cotto).

Usa sale e pepe a piacere.

# 6. Panino con bistecca di c heese caldo

## ingredienti

2 baguette (lunghezza 20 cm)

300 g di fesa di manzo

2 cipolle

1 peperone (rosso)

20 anelli di jalapeño (intarsiati nel vetro)

200 grammi di formaggio cheddar

6 cucchiai di salsa tartara

Sale (a piacere)

Pepe (a piacere)

2 cucchiai di olio di girasole

1/2 cucchiaino di cumino

**Preparazione**

Tagliate la cipolla a rondelle e il peperone a listarelle. Tostare leggermente in olio di semi di girasole aggiungendo il cumino. Sale e pepe a piacere.

Salare la carne e grigliarla su entrambi i lati e cuocere a fuoco indiretto a 140 ° C fino a raggiungere una temperatura al cuore di 50 ° C.

Tagliate la carne a listarelle sottili.

Affetta la baguette orizzontalmente.

Mettere cipolle e peperoni sul lato inferiore, versarvi sopra 3 cucchiai di salsa tartara e adagiarvi sopra la carne.

Mettere il formaggio a fette sulla carne e guarnire con jalapeños.

Infornare o grigliare (calore indiretto!) Per 10 minuti a 180 ° C.

## 7. Filet mignon con mango e pompelmo

### ingredienti

8 filetti mignon (60-80 g ciascuno; tagliati dalla parte inferiore del polmone arrosto)

Sale marino (grosso)

Pepe (buono, a scelta)

2 manghi (maturi)

2 pompelmi (tagliati a filetti)

Pompelmo

un po 'di vino bianco

un po 'di brodo vegetale

un po 'di zucchero (marrone)

50 g di burro a cubetti (freddo)

**Preparazione**

Condire i filetti con sale, grigliare a fuoco diretto a 250 ° C, togliere dalla griglia e mettere da parte.

Tagliare le guance belle e spesse a sinistra ea destra dei manghi e tagliarli a cubetti. Assicurati di prendere manghi maturi, quindi la polpa può essere sciolta più facilmente e ha un sapore meravigliosamente maturo.

Grigliare indirettamente i mango per circa 20 minuti, quindi rimuovere la polpa con un cucchiaio; Caramellare lo zucchero in una padella di ghisa, aggiungere i filetti di pompelmo, farli rosolare brevemente, fare attenzione a non farli annerire.

Quindi sfumare con il succo di pompelmo, aggiungere un po 'di vino bianco e brodo vegetale in modo che il succo non sia troppo amaro e troppo ridotto. Portare a ebollizione brevemente, aggiungere i cubetti di mango , aggiustare di sale e pepe e cuocere a fuoco lento.

Mettere i filetti Mignon grigliati (56 ° C medio raro) al centro della padella, mescolare brevemente, aggiungere 2 cubetti di burro e mescolare in modo che il succo di caramello e zucchero risulti brillante e servire con un'insalata di erbe selvatiche.

# 8. Bistecca di Tomahawk

## ingredienti

1 bistecca di tomahawk (circa 800-1000 g)

2 cucchiai di olio di girasole

sale marino

Pepe

## Preparazione

Spennellate sottilmente la carne con olio di semi di girasole.

Riscaldare la griglia o la padella e grigliare la carne su entrambi i lati per 90-120 secondi.

Mettere sulla griglia a fuoco indiretto e portare alla temperatura interna desiderata di 140 ° C (media 55-57 ° C, fatta 65 ° C). Quando si prepara in forno, aggiungere la carne a 140 ° C e fare lo stesso. Questo può richiedere 30-45 minuti per le bistecche spesse.

Dopo aver raggiunto la temperatura interna desiderata, lasciate riposare la carne per altri 5-10 minuti.

Tagliarla a fettine contro la fibra e condire con fiocchi di sale marino e pepe.

# 9. Bistecca alla fiorentina

## Ingrediente

2 pezzi di bistecche porterhouse (ciascuna con 750g
o bistecche alla fiorentina)

300 ml di olio d'oliva

4 rametti di rosmarino (spennati)

4 pezzi di spicchi d'aglio (schiacciati)

Sale marino (dal mulino)

Pepe (dal mulino)

## Preparazione

Per la bistecca alla fiorentina, mescolare l'olio d'oliva, il rosmarino e l'aglio schiacciato e marinare le bistecche per almeno 24 ore (girare di tanto in tanto). Sollevare le bistecche e grigliarle su una griglia a carbone ben riscaldata per circa 4 minuti su entrambi i lati.

Nel frattempo, spennellate ripetutamente la marinata. Togliete dalla griglia e lasciate riposare in caldo per altri 5 minuti. Aggiungere sale e pepe alla bistecca alla fiorentina solo subito prima di servire.

Applicare e scolpire a tavola.

## 10. Filetto di manzo ripieno di verdure

**ingredienti**

4 bistecche di filetto di manzo (alte circa 5 cm ciascuna)

1/2 mazzetto di prezzemolo

2 carote (o verdure a scelta)

1 rapa gialla (o verdura a scelta)

1/4 di bulbo di sedano (o verdure a scelta)

1 cucchiaio di olio

Aceto balsamico

sale

Pepe (nero, in alternativa bistecca speziata di Adi Matzek)

8-12 fette di pancetta

**preparazione**

Per la bistecca di filetto di manzo ripiena di verdure, tagliare con cura una tasca attraverso le bistecche di filetto di manzo.

Lavate e tritate finemente il prezzemolo. Mondare le verdure, stracciarle finemente con un tagliaverdure, se necessario soffriggerle in padella con olio per qualche minuto, aggiungere il prezzemolo tritato, sfumare con un po 'di aceto balsamico e condire con sale e pepe.

Versare le verdure nelle tasche delle bistecche, avvolgere le bistecche con strisce di pancetta, legare con una spaccata se necessario in modo che la pancetta tenga bene.

Preparare la griglia per grigliare direttamente a fuoco alto.

Condire le superfici tagliate delle bistecche con sale e pepe e poi grigliarle sulla griglia a fuoco diretto per circa 3 minuti per lato.

Il controfiletto ripieno di verdure dopo aver grigliato nella carta stagnola lasciate riposare 5 minuti.

# CAPITOLO DUE

## Frutti di mare e pesce

### 11. Salmone alla griglia

**ingredienti**

200 g di filetti d'arancia (o fette d'arancia)

2 cipollotti

250 g di filetto di salmone (senza pelle, fresco o congelato e scongelato)

sale

Pepe

6 cucchiai di salsa caraibica KUNER

## Preparazione

Per il salmone alla griglia, tagliare prima i filetti di arancia o le fette a pezzi. Mondate i cipollotti e tagliateli a rondelle. Tagliare il salmone a pezzetti, condire con sale e pepe a piacere. Mescolare con cura la salsa caraibica con il pesce, le arance e le cipolle.

Per ogni pacco, stendere la pellicola di alluminio due volte, ca. 20 x 20 cm. Versare sopra un quarto del composto e piegare e sigillare la carta stagnola sul ripieno. Cuocere i fagottini sulla griglia calda per circa 20 minuti.

Servire il salmone alla griglia.

# 12. Spiedini di pesce

## ingredienti

800 g di filetti di pesce (es. Rana pescatrice, scorfano o salmone)

1-2 zucchine

1 mazzetto di cipolline

*Per la marinata:*

1 rametto (i) di citronella

2 rametti di timo

Succo di mezzo limone

5 cucchiai di olio d'oliva

sale

Pepe (appena macinato)

*Altri:*

Spiedini di legno

## Preparazione

Per gli spiedini di pesce, sciacquare i filetti di pesce con acqua fredda e asciugarli bene. Se necessario, disossare (possibilmente usare un paio di pinzette) e staccare la pelle. Tagliare a cubetti ca. 4 x 4 cm.

Lavate le zucchine, eliminate le radici e i gambi. Tagliare a metà nel senso della lunghezza e tagliare a fettine. Lavate i cipollotti, eliminate le radici e le parti verde scuro. Tagliare a pezzi ca. 4 cm di lunghezza.

Per la marinata, tagliare a fette la citronella. Cogliere le foglie di timo dai gambi e tritarle finemente. Mescola tutti gli ingredienti insieme. Mettere i pezzi di pesce e zucchine in una ciotola bassa e versarvi sopra la marinata. Lasciate marinare in un luogo fresco per 1 ora. Nel frattempo versare più volte la marinata affondata sui pezzi di carne.

Disporre alternativamente i cubetti di pesce, le zucchine e i cipollotti sugli spiedini. Grigliare sulla griglia calda per circa 8 minuti, girando spesso. Gli spiedini di pesce mentre spennellate con la rimanente marinata.

# 13. Alici grigliate

## ingredienti

1 kg di acciughe

un po 'di sale (grosso)

un po 'd'olio d'oliva

1 rametto (i) di rosmarino

## Preparazione

Per le acciughe grigliate, prima pulite le acciughe, eliminate le lamelle e tagliate le teste.

Fare un taglio sul lato lungo la spina dorsale e asciugare bene con carta assorbente. Salare le acciughe solo esternamente con sale grosso.

Riscaldare bene la griglia e ungere un po 'con olio d'oliva. Friggere le acciughe su entrambi i lati per 3-5 minuti. Gira il pesce solo una volta. In mezzo, spennellare con il rametto di rosmarino immerso nell'olio d'oliva.

Grigliare le acciughe finché la buccia non è dorata e croccante.

Le acciughe grigliate servono subito.

# 14. Sarde grigliate

## ingredienti

1 kg di sarde piccole (o acciughe)

Farina

Spicchi di limone per guarnire Per la marinata:

1/2 mazzetto di prezzemolo

2 spicchi d'aglio

4 cucchiai di olio d'oliva

Succo di mezzo limone

sale

Pepe (appena macinato)

## Preparazione

Tagliate le sarde sulla pancia e privatele delle interiora. Risciacquare con acqua fredda e asciugare tamponando accuratamente.

Per la marinata, staccate le foglie di prezzemolo dai gambi, pelate gli spicchi d'aglio e tritateli finemente. Mescola tutti gli ingredienti in una ciotola capiente. Mettete il pesce e lasciate marinare per circa 1 ora.

Togliere le sarde dalla marinata e spolverarle leggermente con la farina. Grigliare sulla griglia per circa 3 minuti su ogni lato. Le sarde alla griglia con fettine di limone e piatto di pane bianco fresco.

## 15. Spiedini di pesce

**ingredienti**

800 g di filetti di rana pescatrice

1 cucchiaio di maionese originale KUNER (80% di grassi)

1 mazzetto di rosmarino (piccolo, tritato)

1 mazzetto di prezzemolo (piccolo, tritato)

2 limoni (grattugiati e strizzati)

1 cucchiaio di olio d'oliva

Pepe

8 spiedini di legno

## Preparazione

Per gli spiedini di pesce, tagliare prima la rana pescatrice a cubetti di 2-3 cm. Mescolare il rosmarino, il prezzemolo, il succo e la scorza di limone, la maionese KUNER e l'olio d'oliva in una ciotola di medie dimensioni. Condite con un po 'di pepe.

Mettete i cubetti di coda di rospo nella marinata e lasciate riposare in frigorifero per almeno 20 minuti.

Preriscalda una bistecchiera o una griglia.

Dividete la coda di rospo in 8 spiedini di media grandezza annaffiati, metteteli in padella o sulla griglia e fateli soffriggere su tutti i lati per 4 minuti, finché il pesce non cede leggermente sotto pressione.

Servire spiedini di pesce con spicchi di limone e insalata come contorno.

# 16. Sgombro in una foglia di banana

## ingredienti

4 pz. Sgombri puliti

4 pezzi di foglie di banana

3 cucchiai di pasta di tamarindo

2 pz. Cipolle

3 pezzi di spicchi d'aglio

1 pc. Peperoncino rosso

1 pezzo di zenzero (4 cm)

1 stick (i) di citronella

1 cucchiaio di pepe nero in grani

5 pezzi di foglie di alloro

6 cucchiai di olio vegetale

6 cucchiai di salsa di soia

0,5 cucchiaini di cumino in polvere

0,5 cucchiaini di coriandolo in polvere

sale

## Preparazione

Tritare le cipolle, l'aglio, lo zenzero, il peperoncino e i bastoncini di citronella a pezzetti. Macina i grani di pepe in un mortaio. Riscalda un wok (o una padella pesante) e friggi brevemente questi ingredienti. Aggiungere la pasta di tamarindo, la salsa di soia, il cumino e il coriandolo e aggiustare di sale.

Spennellate il pesce dentro e fuori con la marinata finita e lasciate riposare in frigorifero per circa 1 ora. Quindi spennellate ogni foglia di banana con olio e adagiatevi sopra un pesce. Aggiungere una o due foglie di alloro e avvolgere bene il pesce nella foglia di banana. Mettere sulla griglia e cuocere per circa 20 minuti. Servire se possibile in una foglia di banana.

**17.**

Sgombro alla griglia

## ingredienti

1 pezzo di sgombro

Foglie di lattuga

3 cucchiai di sale

1 cucchiaino di wasabi (polvere o da un tubo)

1 cucchiaio di salsa di soia

Limone

## Preparazione

Per lo sgombro, squamare, lavare e rimuovere le interiora.

Affetta il pesce fino alla pinna dorsale con un coltello, quindi puoi distribuire il pesce piatto. Salare entrambi i lati del pesce e lasciarlo riposare un po '.

Friggere il pesce salato all'interno sulla griglia preriscaldata e unta d'olio. Se lo stai arrostendo in forno, preriscalda anche la teglia oliata.

Distribuire le foglie di lattuga su un piatto, adagiarvi sopra lo sgombro grigliato e guarnire con prezzemolo e spicchi di limone.

La salsa wasabi viene servita separatamente.

# 18. Sgombro al curry

## ingredienti

1 pezzo di sgombro

3 cucchiai di sale

2 cucchiai di curry in polvere

2 cucchiai di farina

Foglie di lattuga

prezzemolo

Cipolle primaverili

## Preparazione

Rimuovere le squame per lo sgombro. Lavali accuratamente e rimuovi le interiora. Tagliate il pesce a pezzi larghi circa 5 cm.

Salare il pesce da entrambi i lati e lasciarlo riposare un po '.

Asciugate i pezzi di pesce scolati con carta da cucina e poi versateli nella farina mescolata al curry in polvere.

Friggere i pezzi di pesce su entrambi i lati fino a dorarli.

Adagiate le foglie di lattuga su un piatto con sopra lo sgombro fritto e servite con prezzemolo tritato o cipollotti tagliati a rondelle.

# 19. Spiedini di gamberi e tonno su lattuga

## ingredienti

16 Gamberi Primi di Qualità (con pinna caudale)

500 g di bistecche di tonno Quality First (per 16 cubetti)

Salsa di miele di prima qualità per barbecue

2 cucchiai di prezzemolo (tritato)

8 spiedini (legno o metallo)

*Per l'insalata:*

2 cuori di lattuga romana

1 cetriolo

12 pomodorini

*Per il condimento:*

100 ml Salsa all'aglio di qualità

1 cucchiaio di olio d'oliva Quality First Toscana

2 cucchiai di aceto di vino bianco

sale

Pepe

**preparazione**

Tagliate il tonno a cubetti. Mettere alternativamente 2 gamberi e cubetti di tonno su uno spiedino. Spennellare con la salsa barbecue e grigliare su entrambi i lati su entrambi i lati per circa 2 minuti, il pesce dovrebbe essere ancora rosa al centro.

Per il condimento amalgamare bene tutti gli ingredienti, aggiustare di sale e pepe.

Lavate i cuori di lattuga romana e privateli del picciolo in modo che le foglie cadano a pezzi. Pelare il cetriolo e sbucciarlo nel senso della lunghezza a listarelle sottili con un pelapatate, tagliare a metà i pomodori. Mescolare le verdure con il condimento.

Disporre l'insalata nei piatti e adagiarvi sopra gli spiedini. Guarnire con prezzemolo fresco.

# 20. Spiedini di pirata

## ingredienti

100 g di filetto di merluzzo

1/2 peperoni (rossi)

40 g di zucchine

2 pezzi di pannocchie di mais

100 g Piccolini Mini Farfalle

Succo di mezzo limone

2 cucchiai di olio d'oliva

4 cucchiai di panna

sale

Pepe

## Preparazione

Per gli spiedini pirata, tagliare il filetto di merluzzo in pezzi di 2-3 cm. Mondate i peperoni e tagliateli a triangoli di uguali dimensioni. Tagliare a metà le zucchine nel senso della lunghezza e tagliarle a fette spesse 1 cm. Tagliare il mais in quattro parti trasversalmente.

Cuocete la pasta in abbondante acqua salata al dente, scolatela, scolatela e scolatela bene. Disporre alternativamente il pesce e le verdure su 2 spiedini di legno, condire con sale, pepe e succo di limone.

Friggere gli spiedini pirata nell'olio su entrambi i lati, sollevarli e tenerli al caldo. Versate il residuo di cottura con la panna e portate a ebollizione. Amalgamare la pasta al sugo, disporre e servire con gli spiedini.

# CAPITOLO TRE

## Carne di maiale

### 21. Costine bavaresi

## ingredienti

1 kg di costine sbucciate

500 g di cavolo bianco

500 g di patate

2 cipolle

1 cucchiaio di semi di cumino (interi)

750 ml di acqua

2 cucchiai di sale

1 cucchiaio di pepe

1 cucchiaio di paprika in polvere

**Preparazione**

Rimuovere le costine pelate dalla pelle argentata, lavare, asciugare tamponando e condire con sale, pepe e paprika in polvere.

Tagliare il cavolo cappuccio a pezzi grossi, metterlo nella teglia e cospargere di semi di cumino. Versare l'acqua nella teglia e adagiarvi sopra le costine.

Pelare e tagliare in quarti le patate e le cipolle e disporle attorno alle costolette.

Cuocere a 160-180 ° C per 90 minuti con il coperchio e altri 50 minuti senza coperchio nel forno o nella griglia chiusa.

Di tanto in tanto controlla se c'è ancora acqua nella teglia e aggiungine altra se necessario.

Togli le costine e servi.

# 22. Costine

## ingredienti

2 costole

Per la marinata:

1 cucchiaio di miele

1/2 limone (succo)

1/2 arancia (succo)

5 cucchiai di ketchup

1 cucchiaino di pepe (grosso)

1 cucchiaino di paprika in polvere (calda, affumicata)

1 cucchiaino di timo (essiccato)

sale

**Preparazione**

Per le costine per la marinata, mescolare metà del succo di agrumi e tutti gli altri ingredienti e condire bene con il sale.

Togli il grasso dalle costine. Cuocere a fuoco lento in acqua salata con il resto del limone e del succo d'arancia per circa 30 minuti, eliminando la schiuma risultante.

Versate la marinata sulle costine e lasciate marinare per tutta la notte.

Le costine sulla griglia calda su tutti i lati grigliare per 10-15 minuti, girandole spesso e spennellarle con la marinata.

## 23. Barbecue invernale - su palafitta per barbecue

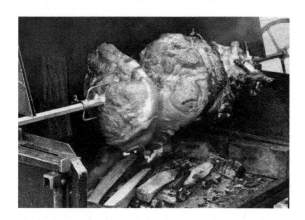

**ingredienti**

1 trampolo di maiale posteriore

1/2 cipolla

1 cucchiaio di semi di cumino

1 foglia di alloro

2 rametti di timo

6-7 spicchi d'aglio

6 grani di pepe

sale

possibilmente rosticceria

## Preparazione

Pre-cuocere i trampoli per il trampolo della griglia dalla griglia invernale. Per fare questo, metti il trampolo in una casseruola con acqua calda - il trampolo deve essere completamente coperto d'acqua. Condire con la cipolla intera, i semi di cumino, l'alloro, il thamiano, 3 spicchi d'aglio sbucciati e tagliati a metà, i grani di pepe e abbondante sale. Fai sobbollire i trampoli in questa miscela a fuoco basso per 40 minuti. Togliere, lasciare raffreddare leggermente e tagliare nella scorza ogni centimetro attraverso l'osso. Fai attenzione: taglia solo la pelle, non la carne! LARDO i tagli con il rimanente, affettato aglio e strofinare con sale.

Adagiare il trampolo sullo spiedo e grigliare a fuoco indiretto con il coperchio chiuso a ca. 160 ° C. Al termine della cottura aggiungere altra carbonella (o aumentare la temperatura a 200 ° C) in modo che la cotenna diventi croccante.

**24.**

## Ballerina alla brace

### ingredienti

1 trampolo (trampolo posteriore di maiale)

1/2 cipolla

1 cucchiaio di semi di cumino

1 foglia di alloro

2 rametti di timo

6-7 spicchi d'aglio

6 grani di pepe

sale

Girarrosto (possibilmente)

## Preparazione

Per una perfetta grigliata di maiale, prima cuocila in anticipo. Per fare questo, metti il trampolo in una casseruola con acqua calda - il trampolo deve essere completamente coperto d'acqua. Condire con la cipolla intera, i semi di cumino, la foglia di alloro, il timo, 3 spicchi d'aglio sbucciati e tagliati a metà, i grani di pepe e abbondante sale. Fai sobbollire i trampoli in questa miscela a fuoco basso per 40 minuti.

Togliere, lasciare raffreddare leggermente e tagliare nella scorza ogni centimetro attraverso l'osso. Fai attenzione: taglia solo la pelle, non la carne!

Cospargere con il resto del affettato aglio e strofinare con sale.

Adagiare il trampolo sullo spiedo e grigliare a fuoco indiretto con il coperchio chiuso a ca. 160 ° C.

Poco prima della fine del tempo di cottura (dopo poco meno di un'ora), aggiungere altra carbonella (o aumentare la temperatura a 200 ° C) in modo che la crosta sia perfetta perché il pirolo della griglia diventi croccante e si spezzi molto bene quando lo mordi esso.

## 25. Costine in marinata di birra

## ingredienti

2500 g di costine di maiale Per la marinata:

5 spicchi d'aglio (tritati finemente)

1 cipolla (tritata finemente)

250 ml di birra nera

1 cucchiaio di aceto

3 cucchiai di olio vegetale

2 cucchiai di sciroppo d'acero

125 ml di salsa Worcestershire

2 cucchiai di harissa

sale

Pepe (appena macinato)

## Preparazione

Mettete tutti gli ingredienti per la marinata in una casseruola e portate a ebollizione. Quindi lascialo raffreddare.

Mettere a bagno le costine nella marinata in frigorifero per una notte.

Il giorno successivo, togliere dal frigorifero circa mezz'ora prima dell'uso.

Scolare le costine e grigliarle su tutti i lati per circa 10-15 minuti.

# 26. Costine di maiale con burro di arachidi

## ingredienti

1 kg di costine

*Marinata:*

1 cucchiaio e mezzo di burro di arachidi

2 cucchiai di pomodori (preferibilmente a pezzi dalla lattina)

2 cucchiai di sciroppo d'acero

2 cucchiai di Tabasco (rosso)

sale

## Preparazione

Per le costine al burro di arachidi, preparare prima la marinata. Mescola tutti gli ingredienti insieme per questo.

Separare le costine dalla pelle argentata, tagliarle in porzioni più piccole e massaggiare bene la marinata nella carne.

Lascialo in infusione per un'ora, preferibilmente durante la notte.

Grigliare le costine di maiale a ca. 140 ° C per almeno 1,5 ore.

# 27. Costine di maiale marinate al barbecue

## ingredienti

1 1/2 kg di costine di maiale

1 limone (non trattato)

4 spicchi d'aglio

1 peperoncino (rosso)

1 cucchiaio di cipolle (tritate finemente)

1 cucchiaino di cumino (finemente macinato)

3 cucchiai di salsa di soia

6 cucchiai di ketchup

1 cucchiaio di zucchero di canna

1 cucchiaio di miele o sciroppo d'acero

**Preparazione**

Per le costine nella marinata BBQ, preparare prima la marinata:

Risciacquare il limone con acqua calda e strofinare a secco. Strofina un cucchiaino di buccia e spremi il succo. Tritate finemente gli spicchi d'aglio.

Togliete il picciolo dal peperoncino, eliminate il torsolo se necessario e tritatelo finemente. Mescolare tutti gli ingredienti in una marinata.

Tagliare le costine in una dimensione adatta per la griglia e strofinare nella marinata. Lasciate macerare per almeno 2 ore.

Prepara la griglia per il calore indiretto. Le costine in marinata BBQ si mettono sulla griglia e con calore indiretto e il coperchio viene chiuso circa 1 ora di griglia (a seconda dello spessore della carne).

## 28. Sella di maiale con anguria grigliata

**ingredienti**

*Per la carne:*

4 bistecche di lonza di maiale

1 cucchiaio di timo (essiccato)

1 cucchiaio di origano (essiccato)

1/4 cucchiaino di peperoncino (essiccato)

sale

Pepe

olio d'oliva

*Per l'anguria:*

1 anguria (piccola)

1 limone

olio d'oliva

sale

*Per la salsa:*

1 cetriolo

1/2 limone (succo)

5 cucchiai di olio d'oliva

Peperoncino (a piacere)

20 foglie di coriandolo

sale

Pepe

**preparazione**

Tagliate l'anguria in barrette spesse e mettete in freezer per circa 1 ora.

Per la salsa, tagliare il cetriolo a cubetti e mescolare con gli altri ingredienti, condire bene con sale e pepe.

Il maiale alle erbe aromatiche, peperoncino strofinato e poco sale, condire con olio d'oliva e rosolare da ogni lato per circa 2 minuti o grigliarlo, lasciarlo poi riposare brevemente e spolverare con pepe macinato fresco.

Soffriggere l'anguria semicongelata in una padella ben calda (o sulla griglia) con 2 cucchiai di olio brevemente e piccante da entrambi i lati, togliere dalla padella e condire con un po 'di succo di limone e sale.

Disporre la carne con l'anguria su un tagliere di legno e guarnire con la salsa di cetrioli.

## 29. Costolette asiatiche barbecue con arachidi e cipolline

**ingredienti**

*Per le costine:*

1500 g di costine di maiale

2 carote (120 g)

1 lime

40 g di zenzero

100 ml di salsa di soia

200 ml di vino di riso

1000 ml di acqua (fredda)

1/2 bulbo d'aglio

1/2 stick (s) porro (150 g)

1 cipollotto (120 g)

100 g di arachidi

sale

**Per la salsa barbecue:**

1/2 cipolla (40 g)

2 cucchiai di zucchero di canna

2 cucchiai di olio d'oliva

1 cucchiaio di salsa TABASCo Chipotle

2 cucchiai di salsa Worcestershire

2 cucchiai di ketchup

**Preparazione**

Per le costolette asiatiche barbecue con arachidi e cipolline, mettere prima le costine in una casseruola, quindi aggiungere acqua fredda, carote, lime, zenzero, aglio, salsa di soia e vino di riso e portare a ebollizione. Togliete un po 'di sale dal fuoco, rigirate il forno e lasciate riposare (non bollire) per un'ora.

Nel frattempo, tritare finemente il cipollotto e metterlo in acqua fredda, quindi asciugarlo. Preriscaldare il forno a 200 ° C di aria calda.

Arrostire le arachidi a secco senza olio e poi tritarle grossolanamente.

Lasciate raffreddare le costine nel brodo e adagiatele su una teglia con carta da forno.

Per la salsa barbecue, tagliare la cipolla a cubetti fini e caramellare in olio d'oliva con lo zucchero di canna. Quindi aggiungere TABASCO Chipotle Sauce, Worcestershire Sauce, ketchup e sale. Versare l'acqua e cuocere a fuoco lento fino a raggiungere la giusta consistenza.

Spennellate le costine con la salsa BBQ, infornate a 200 ° C e poi cospargete di arachidi tritate e cipolline e servite le costine asiatiche BBQ con arachidi e cipollotti.

## 30. Arrosto di maiale in crosta

**ingredienti**

2 cucchiai di olio

1 cipolla (tritata grossolanamente)

1 carota (tagliata grossolanamente)

60 g di sedano (a dadini)

50 g di porro (tagliato)

2 spicchi d'aglio (pressati)

1 cucchiaino di senape (calda)

1 cucchiaino di concentrato di pomodoro

1 pizzico di pepe

2 cucchiaini di semi di cumino (macinati)

sale

250 ml di acqua

1 cucchiaino di spezie per zuppa

1 1/2 kg di lonza di maiale (o spalla, con cotenna)

## Preparazione

Mescolare bene la senape, il concentrato di pomodoro, i semi di cumino, il sale, il pepe e l'aglio schiacciato.

Tagliate la cotenna della carne a listarelle sottili con un coltello affilato.

Spennellate la carne - senza la cotenna - con la pasta di senape.

Arrostire le verdure tritate finemente in un filo d'olio, versarvi sopra la zuppa e portare brevemente a bollore.

Metteteci dentro la carne e fatela scorrere nel tubo del torrente preriscaldato a 160 ° C e fatela soffriggere per 1 ora e mezza. Quindi aumentare la fiamma a 200 ° C per mezz'ora.

Dopo 2 ore togliete la carne dallo stampo, trasferitela in un altro stampo e rimettetela in forno.

Lessate le verdure e l'arrosto nella prima teglia con un po 'd'acqua e versateli nuovamente nella carne al setaccio.

Per rendere la cotenna croccante, mettete la fiamma superiore sulla griglia e aspettate che si alzi.

# CAPITOLO QUATTRO

## Vegetariano

### 31. Melanzane marinate alla griglia

## ingredienti

1 melanzana (media)

3 cucchiai di salsa di soia

1 cucchiaio di miele

1 cucchiaio di Paradeismark

1 cucchiaio di senape (mediamente piccante)

1 cucchiaio di paprika in polvere (dolce nobile)

2 dita di aglio

1 pezzo di zenzero (circa 2 cm)

Fiocchi di peperoncino (a piacere)

## Preparazione

Per le melanzane marinate alla griglia, pelare l'aglio e lo zenzero e grattugiare finemente. Mescolare tutti gli ingredienti - tranne le melanzane - in una marinata. Lavate le melanzane e tagliatele a fette spesse un dito. Mescolate le melanzane a fettine con la marinata in una ciotola e lasciate riposare per almeno due ore. Girare regolarmente le fette in modo che possano assorbire la marinata in modo uniforme.

Nel frattempo riscaldate la griglia. Quando sarà ben caldo, scolate la marinata in eccesso dalle fette di melanzane e grigliatele finché non saranno cotte e avranno assunto un colore appetitoso. Le melanzane grigliate marinate servono ben calde.

## 32. Banana spezzata dalla griglia

**ingredienti**

4 banane

4 costole di cioccolato al latte (ca.50 g)

Panna montata per guarnire

possibilmente Baileys per guarnire

Foglio di alluminio

**Preparazione**

Per la banana split alla griglia, tagliare il cioccolato a pezzi grandi. Affetta le banane con la buccia nel senso della lunghezza con un coltello. Riempi la fessura con gocce di cioccolato. Avvolgere le banane ripiene con un foglio di alluminio e metterle sulla griglia. Le banane al cioccolato sono pronte quando il cioccolato si è sciolto e la buccia della banana è diventata marrone scuro.

Servire le banane al cioccolato con gelato alla vaniglia e panna montata fresca e condire con un po 'di Baileys se necessario.

# 33. Fette di polenta alla griglia

## ingredienti

125 g di polenta (semola di mais)

200 ml di latte

50 ml di panna montata

250 ml di acqua

1 rametto (i) di rosmarino

1 spicchio d'aglio

sale

Pepe (appena macinato)

olio d'oliva

Coppa griglia in alluminio

**Preparazione**

Per le fette di polenta portare a ebollizione il latte, la panna montata e l'acqua. Mescolare la polenta, portare a ebollizione e aggiungere lo spicchio d'aglio sbucciato e tagliato a metà e il rosmarino. Condire con sale e pepe. Cuocere a fuoco lento per circa 8 minuti. Rimuovere di nuovo lo spicchio d'aglio e il gambo di rosmarino.

Coprire un piano di lavoro con pellicola trasparente. Stendere la polenta di circa 3 cm di spessore e tagliarla a rettangoli con un coltello.

Ungere una tazza per griglia con olio d'oliva. Le fette di polenta mettere e grigliare sulla griglia calda per circa 6 minuti, girare dopo 3 minuti.

# 34. Pannocchia di mais alla griglia

## ingredienti

4 spighe di grano

2 cucchiai di burro

sale

Pepe

spicchi di limone

## Preparazione

Pulite le pannocchie e fatele cuocere in acqua non salata per circa 2 minuti. Quindi sciacquare sotto acqua fredda corrente e asciugare tamponando con carta da cucina.

Cospargere i flaconi con burro chiarificato e disporli sulla griglia ben calda. Poiché dovrebbero essere uniformemente dorati, devi girarli un po 'più e più volte.

Aggiungere sale e pepe alle pannocchie solo dopo averle grigliate e servire con spicchi di limone.

# 35. Cipolle grigliate

## ingredienti

2 cipolle (grandi)

1 cucchiaio di aceto balsamico

2 cucchiai di olio d'oliva (spremuto a freddo)

sale

Pepe

## Preparazione

Per prima cosa sbucciare la cipolla e tagliarla a rondelle o strisce spesse.

Preparare una marinata con aceto balsamico, olio d'oliva, sale e pepe.

Mettete gli anelli di cipolla in un contenitore, versateci sopra la marinata, coprite con la carta stagnola e lasciate riposare per circa 30 minuti.

Sollevare la cipolla dalla marinata, metterla su una coppa per grill e grigliare su entrambi i lati per circa 5 minuti.

Condire le cipolle grigliate con un po 'di marinata prima di servire.

# 36. Pomodori grigliati

## ingredienti

4 pomodori

2 cucchiai di olio d'oliva

3 spicchi d'aglio (pelati)

3-4 pz. Foglie di basilico

sale

Pepe

## Preparazione

Per i pomodori grigliati, prima dimezzare i pomodori
e tagliare l'estremità del gambo.

Fare una pasta con l'olio d'oliva, gli spicchi d'aglio, le foglie di basilico e sale e pepe in un mortaio.

Spennellate le metà di pomodoro con il concentrato di spezie, adagiatele su una coppetta e grigliate con cura su entrambi i lati per circa 3 minuti. Servire i pomodori grigliati.

# 37. Formaggio di pecora alla griglia

## ingredienti

2 peperoni appuntiti

3 pomodori

1 cipolla

2 confezioni di formaggio di pecora (200 g l'una)

8 cucchiaini di olio d'oliva

4 spicchi d'aglio (pressati)

4 pezzi di carta stagnola

100 g olive (nere, senza nucleo)

Pepe

6 cucchiai di maionese leggera KUNER (30% di grassi)

155 ml di yogurt naturale (1%)

3 cucchiai di aneto (tritato)

**Preparazione**

Per il formaggio di pecora alla griglia, prima lavate e mondate peperoni e pomodori. Tagliare i peperoni snocciolati a pezzi, i pomodori a fettine. Pelare la cipolla e tagliarla a rondelle più spesse. Taglia a metà entrambi i formaggi di pecora. Mescolare l'olio d'oliva con l'aglio.

Versare 1 cucchiaino di olio sulla carta stagnola, adagiarvi sopra il formaggio e coprire con le verdure e le olive. Condire a piacere con pepe. Versare 1 cucchiaino di olio su ciascuno, chiudere bene la pellicola e posizionare sulla griglia per 20-30 minuti fino a raggiungere lo stato di cottura desiderato.

KUNER mescolare leggermente la maionese con aneto e yogurt e servire con formaggio di pecora grigliato.

## 38. Noci tostate

**ingredienti**

200 g di noci

100 ml di acqua

200 g di zucchero

1 baccello di vaniglia

1 cucchiaino di cannella

## Preparazione

In un pentolino mettete prima l'acqua, lo zucchero, la polpa del baccello di vaniglia e la cannella e portate a ebollizione.

Aggiungere le noci e mescolare finché l'acqua non sarà evaporata e la miscela di zucchero si sbriciolerà mentre si sobbollisce a fuoco medio.

Ora caramellate le noci fino a farle brillare mescolando continuamente.

Quindi adagiare le noci ancora calde su una teglia rivestita con carta da forno a raffreddare. Questo per evitare che si uniscano.

# 39. Mandorle tostate alla cannella

## ingredienti

400 g di mandorle (intere, pelate)

250 grammi di zucchero

150 g di zucchero di canna

1/2 confezione di zucchero vanigliato

2 cucchiaini di cannella (macinata)

1 pizzico di sale

1 uovo (solo l'albume)

## Preparazione

Per le mandorle tostate alla cannella, rompere l'uovo e separarlo. Metti da parte i tuorli e usa un mixer a mano per montare gli albumi nella neve compatta. Unisci lo zucchero, lo zucchero vanigliato, il sale e la cannella e mescola velocemente sotto la neve.

Infine unire le mandorle e mescolare in modo che siano ben coperte.

Stendere su una teglia rivestita di carta da forno e cuocere in forno preriscaldato a 120 ° C per circa 1 ora. Di tanto in tanto mescolate bene le mandorle sulla teglia in modo che non si attacchino.

Lascia raffreddare le mandorle finite, rompi i pezzi appiccicosi e goditi le mandorle tostate alla cannella.

# 40. Mandorle tostate

## ingredienti

150 ml di acqua

200 g di zucchero

200 g di mandorle (pelate)

1 bustina di zucchero vanigliato

## Preparazione

Metti su una casseruola con acqua. Aggiungere le mandorle e lo zucchero e cuocere il tutto a fuoco medio finché l'acqua non sarà evaporata.

Cospargere di zucchero vanigliato sulle mandorle e lasciarle caramellare leggermente. Lo zucchero dovrebbe ricoprire bene le mandorle.

Mettere le mandorle tostate su una teglia e lasciar raffreddare.

# CAPITOLO CINQUE

## Dolce

### 41. Fragole alla lavanda grigliate

**ingredienti**

600 g di fragole

8 rametti di lavanda fresca

Zucchero a velo

possibilmente gelato balsamico per guarnire

Foglio di alluminio

## Preparazione

Per le fragole alla lavanda grigliate, lavate le fragole, eliminate i gambi e le foglie.

Metti quattro fragole su un foglio di alluminio e adagia sopra un piccolo rametto di lavanda. Sigilla bene con un foglio di alluminio e metti i pacchetti di fragole e lavanda sulla griglia.

Disporre le fragole lavanda finite sui piatti, spolverare con zucchero a velo e guarnire con un po 'di gelato balsamico se necessario.

# 42. Frutta alla griglia con salsa al caramello

## ingredienti

*Per gli spiedini di frutta:*

2 mele

1 mango

1/2 ananas

8 fragole

1/2 limone

1 cucchiaio di zucchero

*Per la salsa al caramello:*

150 g di burro

70 grammi di zucchero

100 ml di panna montata Altro:

Spiedini di legno

**Preparazione**

Per la frutta grigliata, sbucciate le mele e tagliatele a spicchi, eliminando il torsolo. Pelate il mango, eliminate il nocciolo e tagliatelo a spicchi oa cubetti. Pelare l'ananas, eliminare l'interno legnoso e tagliarlo a cubetti. Lavate le fragole, eliminate le foglie verdi.

Spremi il limone. Condire la frutta con il succo di limone e spolverare con lo zucchero. Adagiare i pezzi di frutta alternativamente su spiedini di legno e grigliarli sulla griglia calda per circa 6 minuti, rigirandoli spesso. Sciogliere il burro e spennellare gli spiedini di frutta con il burro fuso ancora e ancora mentre si griglia. Non lasciare gli spiedini sulla griglia troppo a lungo in modo che i pezzi di frutta non diventino molli.

Per la salsa al caramello, mettere il burro e lo zucchero in una casseruola e far sciogliere. Mescolate fino a quando lo zucchero si sarà sciolto e avrà assunto un colore marrone. Riscaldare la panna montata in una piccola casseruola e incorporarla al caramello.

La frutta grigliata viene servita con salsa al caramello.

# 43. Mela grigliata con marzapane

## ingredienti

1 mela

20 g di marzapane

10 g di noci (grattugiate, a scelta)

1 colpo di calvados

Zucchero di canna (per spolverare)

## Preparazione

Per la mela di marzapane, lavare e asciugare la mela
e tagliare con cura un "coperchio".

Svuota l'interno della mela. Frullare metà del composto di mele con il marzapane. Mescolare il calvados e le noci.

Riempite la mela con il composto, cospargetela di zucchero di canna e rimettete il coperchio.

Avvolgere in un foglio di alluminio e grigliare con la griglia chiusa per circa 25 minuti.

## 44. Mela grigliata con cioccolato bianco

### ingredienti

1 mela

20 g di cioccolato

1/2 confezione di zucchero vanigliato

Scaglie di mandorle

### Preparazione

Per la mela al cioccolato, lavare e asciugare la mela e tagliare con cura un "coperchio".

Svuota l'interno della mela. Frullare metà del composto di mele e mescolare con lo zucchero vanigliato,

Riempi la mela con il composto e le gocce di cioccolato e rimetti il coperchio.

Avvolgere in un foglio di alluminio e grigliare con la griglia chiusa per circa 25 minuti.

## 45. Pera alla griglia con cioccolato

**ingredienti**

Pera

cioccolato

zucchero vanigliato

**Preparazione**

Per la pera grigliata, lavare la pera, tagliarla a metà e svuotarla un po '.

Foderare l'interno della pera con zucchero vanigliato e cioccolato.

Avvolgere in un foglio di alluminio e disporlo sulla griglia.

Aprire con cura e servire con panna montata.

## 46. Banana al cioccolato alla griglia

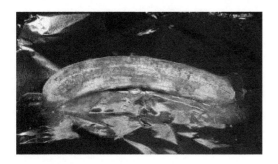

**ingredienti**

Banana

cioccolato

cannella

**Preparazione**

Per la banana al cioccolato grigliata, apri una banana all'interno con un coltello. Forma una sorta di tasca nella polpa. Cospargere un po 'di cannella in tasca. Foderare con gocce di cioccolato.

Avvolgere le banane in un foglio di alluminio e metterle sulla griglia.

Quando le bucce si scuriscono, le banane al cioccolato sono pronte.

# 47. Frutta alla griglia

## ingredienti

200 g di ananas

200 g di anguria

1 banana

2 albicocche

1 bottiglia (e) di salsa al curry KUNER

6 spiedini di legno

## Preparazione

Per la frutta grigliata, prima tagliare a pezzi l'ananas e il melone. Sbucciare la banana e tagliarla a fettine o pezzi spessi. Lavare, tagliare a quarti e togliere il torsolo alle albicocche.

Spiedini di frutta alternativamente su spiedini di legno inzuppati e grigliare per circa 5 minuti, girando, utilizzando una leccarda se ti piace.

Servire la salsa al curry come salsa per la frutta grigliata.

## 48. Ricotta alle fragole gratinata

**ingredienti**

200 g di fragole

2 tuorli d'uovo

30 g di zucchero a velo

4 cl di spumante

1/2 limone (succo e scorza, non trattato)

30 g di ricotta (20% di grasso sulla sostanza secca)

1 cucchiaio di panna (montata)

Zucchero a velo (per spolverare)

## Preparazione

Per la cagliata di fragole gratinata, preriscaldare il forno alla massima temperatura superiore o grigliare. Dividere le fragole, lavarle brevemente e asciugarle tamponando. Taglia a metà le fragole.

Per il gratin, mescolare i tuorli con lo zucchero a velo, lo spumante, il succo di limone e la scorza e mantecare a bagnomaria fino ad ottenere una crema spumosa. Togliere la ciotola dal bagnomaria e incorporare con cura la cagliata e la panna. Distribuire i tre quarti dei frutti di bosco su piccole pirofile piatte o piatti da forno e versarvi sopra il composto per gratinare. Cospargere le bacche rimanenti sopra e premere un po '.

Cuocere in forno (idealmente sotto la griglia) sulla griglia centrale fino a quando la superficie non diventa giallo dorato. Togliere la cagliata di fragole gratinata, spolverare di zucchero a velo e servire nella teglia.

# 49. Ricotta di more gratinata

## ingredienti

200 g di more

2 tuorli d'uovo

30 g di zucchero a velo

40 ml di spumante

1/2 limone (succo e scorza, non trattato)

30 g di ricotta (20% di grasso sulla sostanza secca)

1 cucchiaio di panna (montata)

Zucchero a velo (per spolverare)

## Preparazione

Per prima cosa preriscalda il forno alla massima temperatura possibile o alla griglia.

Dividere le more, lavarle brevemente e asciugarle tamponando. Per il gratin, mescolare i tuorli con lo zucchero a velo, lo spumante, il succo di limone e sbucciarli bene e montarli a bagnomaria fino a ottenere un composto spumoso.

Togliere la ciotola dal bagnomaria e incorporare con cura la cagliata e la panna montata.

Distribuire tre quarti dei frutti di bosco su piccole pirofile piatte o piatti da forno e versarvi sopra il composto per gratin.

Cospargere le bacche rimanenti sopra e premere un po '. Cuocere in forno (idealmente sotto la griglia) sulla griglia centrale fino a quando la superficie non diventa giallo dorato.

Togliere la cagliata di more gratinate, spolverare di zucchero a velo e servire nella teglia.

## 50. Ananas barbecue

**ingredienti**

1 ananas

**Preparazione**

Per l'ananas BBQ, tagliare il ciuffo di foglie dell'ananas e metterlo nell'affumicatore a 120 ° C per 2 ore. Tagliare nel senso della lunghezza, tagliare il gambo, tagliare

a pezzi (togliere dal guscio) e servire come contorno o dessert.

# 51. Ananas alla griglia con salsa di peperoni

## ingredienti

1 pizzico di sale

200 ml Rama Cremefine (da utilizzare come crème fraîche)

2 cucchiaini di pepe in grani (rosa, in salamoia)

1 ananas

1 cucchiaio di Rama Original

3 cucchiai di zucchero (di canna)

3 cucchiai di rum

## Preparazione

Tritate grossolanamente i grani di pepe.

Taglia le radici e il verde dell'ananas. Quindi montare l'ananas, sbucciarlo tutto intorno, tagliare gli ottavi nel senso della lunghezza e tagliare il gambo. Metti i pezzi di ananas su otto spiedini di legno.

Caramellare lo zucchero Rama, il sale e il pepe in grani con 2 cucchiai di acqua in una padella a fuoco medio leggermente, sfumare con il rum e la panna Mescolare fine. Metti la marinata in una ciotola.

Mettere gli spiedini di ananas sulla griglia e grigliare per circa 10 minuti, girandoli ancora e ancora.

Servire gli spiedini di ananas con la marinata di pepe.

# CONCLUSIONE

Ogni volta che si barbecue, è necessario prendere una decisione importante sul tipo di legna da affumicare da utilizzare. Manzo, maiale, pollame e frutti di mare hanno tutti sapori diversi a seconda del legno. È anche vero che alcuni legni sono associati e completano determinati tipi di carne.

Molti dei migliori esperti di barbecue tacciono quando si tratta di rivelare i loro esatti segreti perché grigliare o fumare con la legna per barbecue è una parte così importante del loro repertorio. Tutto, dal tipo di legno che usano alle loro ricette di salsa a come condiscono la carne prima della grigliatura, può diventare un'arma top secret nella loro ricerca per rimanere in cima al mondo del barbecue.

**1**

Lightning Source UK Ltd.
Milton Keynes UK
UKHW020654020421
381422UK00001B/44